विजय - पथ

(विश्व की 25 प्रेरणादायक पुस्तकों पर कविताएं)

(भाग 1)

डॉ मुकेश अग्रवाल

अनुक्रम

आदतें (Habits)

समय (Time)

मन (Mind)

वित्त (Finance)

सफलता (Success)

मन की बात

किताबें हमारे जीवन को नया दृष्टिकोण देती हैं, हमारी सोच को प्रेरित करती हैं और हमें अपने भीतर झांकने का अवसर प्रदान करती हैं। कुछ किताबें हमें इतने गहरे तक प्रभावित करती हैं कि उनके विचार हमारे जीवन का हिस्सा बन जाते हैं। ऐसी ही कुछ प्रेरक पुस्तकों ने लाखों लोगों के जीवन में सकारात्मक परिवर्तन लाए हैं और यही विचार मेरे काव्य की प्रेरणा बने।

'विश्वप्रसिद्ध प्रेरक पुस्तकों पर कविताएं' ऐसी ही प्रेरक पुस्तकों के विचारों को कविता के रूप में प्रस्तुत करने का एक विनम्र प्रयास है। इस पुस्तक में जिन पुस्तकों के सार को मैंने अपनी कविताओं में पिरोया है, वे न केवल व्यक्तिगत विकास को प्रेरित करती हैं, बल्कि जीवन की गहरी सच्चाइयों को भी उजागर करती हैं। इन पुस्तकों के संदेशों ने अनगिनत लोगों को जीवन में सफल होने, मानसिक शांति प्राप्त करने, और अपने सपनों को साकार करने की दिशा दिखाई है।

सर्वप्रथम, मैं उन लेखकों का आभार व्यक्त करता हूँ जिन्होंने अपनी अद्वितीय प्रेरक पुस्तकों से लाखों लोगों को प्रेरित किया और मुझे इस काव्यात्मक यात्रा पर प्रेरित

किया। विशेष रूप से **प्रोफेसर स्टीफेन, आर कोवे** जैसे विचारक जिन्होंने **'7 Habits if Highly Effective People'** जैसी गहन रचनाएँ दीं, जो हमें जीवन के हर आयाम में सफलता प्राप्त करने का मार्ग दिखाती हैं। **Power of Now** और **Miracles of Mindfulness** जैसी पुस्तकों ने मुझे इस बात की प्रेरणा दी कि हम वर्तमान क्षण में जीकर अपने जीवन को कितना अधिक सार्थक बना सकते हैं। माइंडफुलनेस और ध्यान के इन सिद्धांतों को मैंने अपनी कविताओं में एक नया रूप देने की कोशिश की है, ताकि पाठक उन्हें सरलता से अपने जीवन में आत्मसात कर सकें।

यह पुस्तक उन सभी के लिए है, जो जीवन में प्रेरणा की तलाश कर रहे हैं और अपनी मानसिक और भावनात्मक यात्रा को कविता के माध्यम से समझना चाहते हैं। उम्मीद है कि ये कविताएँ आपको उन महान विचारों से जुड़ने में मदद करेंगी, जिन्होंने दुनिया भर के पाठकों को प्रेरित किया है।

मैं अपने परिवार और मित्रों व अपने सहयोगी विक्रांत तावस्कर का भी आभारी हूँ, जिन्होंने हमेशा मेरे लेखन में प्रेरणा और सहयोग दिया। आपके समर्थन के बिना यह संभव नहीं हो पाता।

मैं अपनी पुस्तक 'विश्वप्रसिद्ध प्रेरक पुस्तकों पर कविताएं' को संभव बनाने में मदद करने वाले सभी लोगों का दिल से आभार व्यक्त करता हूँ।

विशेष आभार उन पाठकों के प्रति भी, जो इस पुस्तक के माध्यम से प्रेरक पुस्तकों की भावनाओं को कविताओं में अनुभव करेंगे। आशा है कि मेरी कविताएँ आपके जीवन में नई ऊर्जा और प्रेरणा का संचार करेंगी।

आभार एवं धन्यवाद

डॉ. मुकेश अग्रवाल

आदतें
(Habits)

THE 7 HABITS OF HIGHLY EFFECTIVE PEOPLE

एक प्रमुख सेल्फ-हेल्प किताब है जिसे स्टीफन आर. कोवे ने लिखा है। यह किताब व्यक्तिगत और पेशेवर सफलता प्राप्त करने के लिए सात प्रमुख आदतों पर आधारित है। यहाँ किताब का संक्षिप्त सारांश है:

1. *सक्रियता (Be Proactive)*: अपनी जिंदगी की जिम्मेदारी खुद लें और अपने कर्मों और प्रतिक्रियाओं पर नियंत्रण रखें। समस्याओं का सामना करने के लिए सक्रिय रूप से पहल करें और परिस्थितियों को अपनी सोच और क्रियाओं से प्रभावित करें।

2. *लक्ष्य निर्धारण (Begin with the End in Mind)*: अपने जीवन के लक्ष्य और उद्देश्यों को स्पष्ट रूप से परिभाषित करें। दीर्घकालिक दृष्टिकोण अपनाएं और अपने लक्ष्यों को ध्यान में रखते हुए योजना बनाएं।

3. *प्राथमिकताओं को प्राथमिकता दें (Put First Things First)*: महत्वपूर्ण और प्राथमिक कार्यों को पहले करें। समय प्रबंधन की तकनीकों का उपयोग करके प्राथमिकताओं को सही तरीके से निर्धारित करें और महत्वपूर्ण कार्यों को प्राथमिकता दें।

4. *विचारों की खोज (Think Win-Win)*: हर स्थिति में एक ऐसा समाधान खोजें जो सभी पक्षों के लिए लाभकारी हो। सहयोगात्मक दृष्टिकोण अपनाएं और ऐसे परिणाम प्राप्त करने की कोशिश करें जो सभी के लिए फायदेमंद हों।

5. *पहले समझें, फिर समझाएँ (Seek First to Understand, Then to Be Understood)*: दूसरों की दृष्टि और विचारों को पहले समझें, और फिर अपनी बात रखें। सक्रिय रूप से सुनने और समझने की कोशिश करें ताकि प्रभावी संचार और समाधान प्राप्त किया जा सके।

6. *सिनर्जी (Synergize)*: टीमवर्क और सहयोग के माध्यम से उच्चतर परिणाम प्राप्त करें। विभिन्न

दृष्टिकोणों और क्षमताओं को मिलाकर सृजनात्मक और प्रभावी समाधान विकसित करें।

7. *आत्म-नवीनीकरण (Sharpen the Saw)*:

निरंतर आत्म-सुधार और विकास पर ध्यान दें। शारीरिक, मानसिक, सामाजिक, और आत्मिक क्षेत्रों में संतुलन बनाए रखें और खुद को नवीनीकरण की प्रक्रिया में रखें।

"The 7 Habits of Highly Effective People" व्यक्तिगत और पेशेवर जीवन में सफलता और प्रभावशीलता प्राप्त करने के लिए आदतों और दृष्टिकोणों को प्रस्तुत करती हैं, जो संतुलित और प्रभावी जीवन जीने में मदद करती हैं

कविता

स्टीफ़ेन आर कवे ने लिखी
ये अदभुत शानदार किताब
इसकी सात आदतें लाएगी
जीवन मे खुशियां बेहिसाब

पहली आदत जिम्मेदारी लो
ना लोगों व किस्मत का दोष
आज जो हो खुद जिम्मेदार
मत निकालो किसी पर रोष

दूसरी आदत सब से पहले
मन से शुरू होता हर काम
धरातल पर उतरता बाद में
पहले मन में बनता अंजाम

तीसरी आदत जरूरी काम
सबसे पहले तुम निपटाओ
बेकार काम व बातों से बचो
समय कीमती यूं ना गवांओ

चौथी आदत बड़े काम की
सोचो हर तरफ का फायदा
एक हारे और एक है जीते
कभी अच्छा नही ये कायदा

पाँचवी आदत दूजे को समझ
उसके नजरिये को दें सम्मान

पहले समझो फिर समझाओ
तो होती हर मुश्किल आसान

छठी आदत मिल कर रहना
एक और एक होते हैं ग्यारह
बड़े से बड़े कामों का भी तब
चुटकी में हो जाता निपटारा

सातवीं आदत सीखो हरदम
जिससे बनो अधिक गुणवान
तुम हर क्षेत्र में रहोगे अव्वल
और बनोगे एक बेहतर इंसान।

ATOMIC HABITS

"Atomic Habits" में लेखक **James Clear** ने बताया है कि कैसे छोटी-छोटी आदतें आपके जीवन में बड़े परिवर्तन ला सकती हैं। यह किताब आदतों की शक्ति को समझाने के साथ यह भी बताती है कि कैसे अपनी बुरी आदतों को बदलकर अच्छी आदतें विकसित की जा सकती हैं। यह किताब चार प्रमुख सिद्धांतों पर आधारित है:

1. **सूचना स्पष्ट करें (Make it Obvious):** आदतें तभी सफल होती हैं जब वे स्पष्ट और सरल हों। आपको अपनी आदतों को उस स्थान पर रखना होगा जहां उन्हें याद रखना आसान हो। उदाहरण के लिए, अगर आपको योग करना है, तो अपनी योगा मैट को तैयार रखें।

2. **इसे आकर्षक बनाएं (Make it Attractive):** आदतों को विकसित करने के लिए उन्हें आकर्षक बनाना जरूरी है। अपने मन को यह विश्वास दिलाना कि यह आदत आपको खुशी देगी, आपके आत्मविश्वास को बढ़ाएगा और आपको मोटिवेटेड रखेगा।

3. **इसे आसान बनाएं (Make it Easy):** जब हम किसी आदत को अपनाने का प्रयास करते हैं, तो उसे जितना हो सके आसान बनाना चाहिए। छोटे-छोटे कदम उठाना और उन पर निरंतर ध्यान देना जरूरी है।

4. **इसे संतोषजनक बनाएं (Make it Satisfying):** आदतें तब टिकाऊ होती हैं जब वे संतोषजनक हों। किसी अच्छी आदत को पुरस्कृत करें ताकि आपका मस्तिष्क उसे दोहराने के लिए प्रेरित हो।

कविता

आदतों में ताकत, वो जीवन को संवारें,
छोटे-छोटे कदम, जो मंज़िल तक पहुँचाएं।
हर छोटी जीत, एक बड़ी क्रांति का हिस्सा,
बदलाव की लहर, जीवन में लाए किस्सा।

सूक्ष्म-सूक्ष्म प्रयास, जब निरंतर हो,
जीवन का हर पल, आनंदित हो।
जो था कठिन, अब सरल सा लगे,
आदतों के संग, जीवन तरंगों में बहे।

व्यक्तित्व में ढलें, ये आदतें जब,
खुशियों के संग, मन में उत्साह गजब
हर एक छोटा बदलाव, बड़ा परिणाम दे,
आदतों का जादू, जीवन को नए रंग दे।
आसान बने रास्ता, जब हो तैयारी ।

START WITH WHY

"Start with Why" एक प्रेरक किताब है जिसमें साइमन साइनक ने बताया है कि सफल लोग और कंपनियाँ क्यों महत्वपूर्ण सवाल 'क्यों' से शुरुआत करती हैं। उनके अनुसार, जो लोग और संगठन स्पष्टता के साथ अपने उद्देश्य को समझते हैं और उसे सबसे पहले रखते हैं, वे अधिक प्रभावी और प्रेरणादायक होते हैं।

मुख्य बातें:

1. **'क्यों' से शुरुआत करें:** सफल कंपनियाँ और नेता अपने काम के पीछे के गहरे कारण को समझते हैं। वे सिर्फ 'क्या' और 'कैसे' पर ध्यान नहीं देते, बल्कि 'क्यों' पर भी जोर देते हैं।

2. **गोल्डन सर्कल सिद्धांत:** साइनक ने 'गोल्डन सर्कल' नामक सिद्धांत पेश किया जिसमें तीन स्तर होते हैं: 'क्यों' (उद्देश्य), 'कैसे' (प्रक्रिया), और 'क्या' (उत्पाद)। महान नेता और कंपनियाँ अपने संदेश

को 'क्यों' से शुरू करते हैं और फिर 'कैसे' और 'क्या' पर पहुंचते हैं।

3. **प्रेरणा और विश्वास:** 'क्यों' का स्पष्ट कारण लोगों को प्रेरित करता है और एक मजबूत विश्वास पैदा करता है, जो दीर्घकालिक सफलता की कुंजी है।

4. **प्रेरणादायक नेताओं की पहचान:** जिन नेताओं और कंपनियों ने अपने उद्देश्य को स्पष्ट रूप से व्यक्त किया है, वे दूसरों को भी प्रेरित कर पाते हैं और विश्वास पैदा कर पाते हैं।

कविता

क्यों से शुरू करो, सदा इससे रखो वास्ता
मूल कारण ही दिखाएगा, सफलता का रस्ता।

बिना सही उद्देश्य के, सारे लक्ष्य अधूरे,
'क्यों' की खोज में निकलो तो ही अरमान पूरे

जितनी स्पष्टता, उतना गहरा हो असर
प्रेरणा से जीवन और, चमकता हर सफर।

गोल्डन सर्कल से सदा, बढ़ाओ अपनी राह
क्यों से गर शुरुआत, होगी हमेशा वाह।

"Start with Why" सिद्धांत को अपनाओ,
सच्ची सफलता की ओर कदम बढ़ाओ ।

MINDSET

"Mindset: The New Psychology of Success"
पुस्तक में, कैरोल एस. ड्वेक ने दो प्रमुख मानसिकताओं की चर्चा की है: स्थिर मानसिकता (Fixed Mindset) और विकास मानसिकता (Growth Mindset)। स्थिर मानसिकता वाले लोग मानते हैं कि उनकी क्षमताएँ जन्मजात हैं और उन्हें बदला नहीं जा सकता। इसके विपरीत, विकास मानसिकता वाले लोग मानते हैं कि उनकी क्षमताएँ मेहनत और सीखने से विकसित की जा सकती हैं।

स्थिर मानसिकता:

यह लोग मानते हैं कि बुद्धिमत्ता और प्रतिभा स्वाभाविक हैं और वे अपनी क्षमताओं को बदल नहीं सकते। वे चुनौतियों से बचते हैं, आलोचना को नकारात्मक रूप में लेते हैं, और दूसरों की सफलता से ईर्ष्या करते हैं।

विकास मानसिकता:

यह लोग मानते हैं कि मेहनत, अभ्यास, और सीखने से वे अपनी क्षमताओं को बढ़ा सकते हैं। वे चुनौतियों को स्वीकार करते हैं, आलोचना को सुधार के अवसर के रूप में लेते हैं, और दूसरों की सफलता से प्रेरणा प्राप्त करते हैं।

कविता

सपनों की ऊँचाई, उम्मीद की राह,
सपने साकार हों, बढ़ाएं जो चाह।
स्थिर मानसिकता से बचें, बदलें सोच,
विकास की ओर, कदम व नवीन होश।

जिंदगी के हर मोड़ पर, चुनौतियाँ होंगी,
स्थिर सोच में रहे , सच्ची खुशी मिलेगी।
आलोचना अपना, सुधार का मौका पाएँ,
हर कठिनाई में छुपा, अवसर बड़ा पाएँ।

महत्वपूर्ण मेहनत, इसका फल स्वाद
सपनों की ऊँचाई की, हो एक मियाद
सकारात्मक सोच से, बदलें अपने को
बढ़ते रहे सदा आगे, पूरा करे सपने को

अपनी बनाई सीमाएँ तोड़ें, आगे बढ़े
हर प्रयासों से शानदार जीवन गढ़े
नयापन की खोज में, खुद को निहारें,
अपने को बेहतर बना, व्यक्तित्व सवारें ।

DEEP WORK

एक प्रभावशाली किताब है जिसे कैल न्यूपोर्ट ने लिखा है। यह किताब गहन और प्रभावशाली काम करने के तरीकों पर आधारित है। यहाँ किताब का संक्षिप्त सारांश है:

1. *गहन काम की परिभाषा*: कैल न्यूपोर्ट ने गहन काम (Deep Work) को उस प्रकार के काम के रूप में परिभाषित किया है जो पूर्ण ध्यान और समर्पण के साथ किया जाता है, और जो उच्च गुणवत्ता और उत्पादकता की ओर ले जाता है। इसके विपरीत, सतही काम (Shallow Work) वह होता है जो अक्सर ध्यान में विघ्न डालता है और जल्दी समाप्त हो जाता है।

2. *गहन काम के लाभ*: गहन काम की प्रैक्टिस करने से आप अधिक उत्पादक बन सकते हैं, अपने कौशल को तेजी से सुधार सकते हैं, और अपने पेशेवर क्षेत्र में उच्च स्तर पर पहुंच सकते हैं। यह उच्च गुणवत्ता और उच्च प्रभाव वाले परिणाम उत्पन्न करता है।

3. *ध्यान केंद्रित करने की रणनीतियाँ*: किताब में गहन काम को अपनाने के लिए विभिन्न रणनीतियाँ और तकनीकें प्रदान की गई हैं। इनमें समय-निर्धारण, कार्यक्षेत्र का संयम, और distractions को नियंत्रित करना शामिल है।

4. *डिजिटल निर्भरता को कम करना*: न्यूपोर्ट ने डिजिटल उपकरणों और सोशल मीडिया की लत को कम करने पर भी जोर दिया है। इसके बजाय, वह यह सुझाव देते हैं कि सीमित समय के लिए तकनीक का उपयोग करें और अधिक गहन और एकाग्रचित्त कार्य पर ध्यान केंद्रित करें।

5. *गहन काम की आदतें*: किताब में गहन काम को अपनी दिनचर्या में शामिल करने के लिए आदतें और अभ्यास सुझाए गए हैं। इसमें नियमित गहन काम सत्रों का निर्धारण, वातावरण का अनुकूलन, और स्पष्ट लक्ष्यों का सेटिंग शामिल है।

"Deep Work" गहन ध्यान और एकाग्रता के साथ काम करने के महत्व को बताती है और यह सिखाती

है कि कैसे distractions को कम करके और प्रभावशाली कार्यप्रणाली को अपनाकर अधिक सफलता प्राप्त की जा सकती है।

कविता

काम को ढंग से करने की
केवल चार एप्रोच बताए
Deep Work पुस्तक में
Cal Newport समझाए

पहली एप्रोच **Monestic**
जिसे अंतर्मुखी अपनाए
ध्यानियों व दार्शनिको को
ये ही तरीका पंसद आए

लंबे समय के लिये साधक
एक कमरे में बंद हो जाए
जब तक काम पूरा ना हो
वो एकांत में समय बिताए

दूसरी एप्रोच **Bimodel** है
जो किसी-किसी को भाए
बिन किसी भी विचलन के
चार से छह घंटे डूब जाए

आज का काम निबटने पर
केवल कमरे से बाहर आए
बाकी सब चीज़ों पर व्यक्ति
उस के बाद ध्यान लगाए

तीसरी एप्रोच **Rhythmic**
90 मिनट के चंक बनाए
Pomodoro से मिलती
जिस को लेखक बतलाए

उसके बाद विश्राम जरूरी
जो दिमाग संतुलन में लाए
इस बीच हो नही विचलित
तभी परिणाम नजर आए

चौथी एप्रोच उन के लिए
लोग व्यस्ततम कहे जाए

उनके मन भाने के कारण
ये **Journalistic** हो जाए

जब भी खाली समय मिले
तभी वो काम मे जुट जाए
समय से चुरा कर पलों को
आओ हम सार्थक कर जाएं

खाली समय को अपने हम
आओ और उत्पादक बनाएं
चिंतन करें और सोचे समझें
नई विस्तृत योजनाएं बनाएं

हर दिन काम को अपने हम
निश्चित समय पर निपटाएं
शाम को इंटरनेट आदि से
ख़ुद को बिल्कुल दूर हटाएं

सारी बातों पर पुस्तक की
हम ध्यान से ध्यान लगाएं
तो निश्चित ही Newport का
उद्देश्य सफल हो जाए होगी।

समय
(Time)

THE POWER OF NOW

एक लोकप्रिय और प्रभावशाली किताब है जिसे एकहार्ट टोल ने लिखा है। यह किताब वर्तमान क्षण पर ध्यान केंद्रित करने और मानसिक शांति प्राप्त करने के बारे में है। यहाँ किताब का संक्षिप्त सारांश है:

1. *वर्तमान क्षण का महत्व*: एकहार्ट टोल ने बताया है कि हमारी मानसिक शांति और सुख का स्रोत केवल वर्तमान क्षण में ही है। अतीत और भविष्य के बारे में चिंता करने के बजाय, हमें वर्तमान क्षण में जीने की कोशिश करनी चाहिए।

2. *मानसिक स्थिति और विचार*: किताब में बताया गया है कि अधिकांश मानसिक समस्याएँ और तनाव हमारे विचारों और भावनाओं से उत्पन्न होती हैं। हमें अपने विचारों और भावनाओं को पहचानने और उन्हें नियंत्रित करने की आवश्यकता होती है।

3. *अहंकार और स्वयं की पहचान*: टोल ने अहंकार और आत्म-धारणाओं की चर्चा की है, जो हमारे

वास्तविक स्वभाव को समझने में बाधक हो सकते हैं। अहंकार हमें भविष्य और अतीत में उलझाता है, जबकि हमारी वास्तविक पहचान वर्तमान क्षण में ही होती है।

4. *शांतिपूर्ण अस्तित्व*: किताब में यह सुझाव दिया गया है कि मानसिक शांति प्राप्त करने के लिए ध्यान और आत्म-जागरूकता की प्रैक्टिस की जानी चाहिए। वर्तमान क्षण पर ध्यान केंद्रित करने से हमें आंतरिक शांति और संतुलन प्राप्त होता है।

5. *आध्यात्मिक जागरूकता*: "The Power of Now" आध्यात्मिक जागरूकता और आत्म-साक्षात्कार के महत्व को भी उजागर करती है। किताब बताती है कि आत्म-साक्षात्कार और मौजूदा क्षण में जीने से हमें गहरी आंतरिक शांति मिलती है।

"The Power of Now" मानसिक शांति और आत्म-साक्षात्कार की दिशा में वर्तमान क्षण पर ध्यान केंद्रित करने के महत्व को बताती है और यह सिखाती है कि कैसे अपने विचारों और भावनाओं को नियंत्रित करके आंतरिक शांति प्राप्त की जा सकती है।

कविता

समय के महत्व को समझाती
वर्तमान की ताकत बतलाती
"Power of Now" पुस्तक
चिंताओं से मुक्ति दिलवाती

वर्तमान में मिलती है शांति
और कुछ पाने का अहसास
ज्यूँ आज का अखबार पढ़ना
मन को लगता है कुछ ख़ास

दर्द भी एक मन का उत्पाद
जिसको हम खुद ही बनाते
भूतकाल का पश्चाताप और
भविष्य की चिंता इसे बढ़ाते

अहंकार समस्याओं की जड़

अन्तरद्वन्दों को ये पैदा करता
इस से ही होते संबंध खराब
वर्तमान को भी ये नष्ट करता

मन की जगह शरीर पर अगर
ध्यान हम अपना केंद्रित करें
डोपामिन आदि न्यूरोट्रांसमीटर
चिंता और तनाव को दूर करे

मन के विचारों को अपने हम
आओ आते-जाते हुए निहारें
अच्छे-बुरे विचारों को समझे
और उनकी प्रकृति पर विचारें

जो परिस्थितियां ना बदल सके
अब उनको हम स्वीकार करें
चिंता मिटेगी दुःख कम होगा

यदि वर्तमान को अंगीकार करें

"बीत गई सो बात गयी" समझें
अब भूत भविष्य को नकारें हम
Eckhart Tolle की **Book** से
आओ अपना वर्तमान सँवारें हम ।

5 AM CLUB

जिसे रॉबिन शर्मा ने लिखा है। इस किताब का मुख्य संदेश है कि सुबह 5 बजे उठना और सुबह के समय का सही उपयोग करके आप अपने जीवन को बेहतर बना सकते हैं। यहाँ पर किताब का संक्षिप्त सारांश है:

1. *सुपर उत्पादकता*: किताब में बताया गया है कि सुबह 5 बजे उठने से आपको दिन की सबसे शांत और उत्पादक समय मिलता है, जिससे आप अपने महत्वपूर्ण कार्यों पर ध्यान केंद्रित कर सकते हैं।

2. *20/20/20 फॉर्मूला*: यह फॉर्मूला सुबह के पहले घंटे को तीन भागों में बांटने की सलाह देता है - पहले 20 मिनट एक्सरसाइज के लिए, अगले 20 मिनट खुद को बेहतर बनाने के लिए (जैसे पढ़ना या लिखना), और अंतिम 20 मिनट अपने लक्ष्यों और योजनाओं पर ध्यान देने के लिए।

3. *मनोवैज्ञानिक लाभ*: सुबह जल्दी उठने से मानसिक स्थिति में सुधार होता है, तनाव कम होता है, और आप पूरे दिन ऊर्जा से भरे रहते हैं।

4. *आत्मविकास और सफलता*: नियमित रूप से **5 AM** क्लब का हिस्सा बनकर आप अपने जीवन में अनुशासन ला सकते हैं, जो आपके व्यक्तिगत और पेशेवर लक्ष्यों को प्राप्त करने में मदद करेगा।

किताब के अनुसार, सुबह का समय सबसे मूल्यवान है और इसका सही उपयोग करने से आप अपने जीवन को संपूर्णता और सफलता की ओर ले जा सकते हैं।

कविता

सुबह सवेरे जल्दी उठकर
दिन को सफल बनाएं
उत्साह उमंग और ऊर्जा से
आओ हम भर जाएं।

व्यवसायी और कलाकार को

अरबपति समझाए
सफल वही व्यक्ति होता है
जो 5 बजे जग जाए

दिमाग सृजनात्मक होता
तब नए विचार हैं आए
लिमिटेड बैंडविड्थ इस की
सुबह में नही सताए

नई स्किल डिवैल्प करें
डिस्ट्रैक्शन को हटाएं
दिन को छोटे हिस्सो में
बांटे खुद से पंजा लड़ाएं ।

चार चीज़ो पर काम करें
वो ही इतिहास बनाए
हार्ट, हेल्थ, माइंडसेट
के साथ सोलसेट भुनाए

तीन हिस्सों में बांटे घंटे को
कुछ ऐसे नियम बनाए

20-20 मिनट व्यायाम
ध्यान व सीखने में बिताए

रात आठ बजे बाद टीवी
और नेट नजर ना आए
सुबह 5 बजे उठना तो
रात 10 बजे तक सो जाएं

रोबिन शर्मा की **5 AM Club**
पुस्तक हमें सिखाए
सफलता चाहते हो यदि
इन आदतों को अपनाएं ।

❖❖❖

DO MORE FASTER

जिसे **David Cohen** और **Brad Feld** ने लिखा है। यह किताब उद्यमिता और स्टार्टअप के लिए महत्वपूर्ण सुझाव और रणनीतियाँ प्रदान करती है। यहाँ किताब का संक्षिप्त सारांश है:

1. *त्वरित कार्रवाई*: किताब का मुख्य संदेश है कि स्टार्टअप्स और उद्यमियों को तेजी से कार्य करना चाहिए। विफलता से डरने के बजाय, तेजी से परीक्षण और सुधार करने पर ध्यान देना चाहिए।

2. *सहयोग और नेटवर्किंग*: सफल उद्यमिता के लिए सही सहयोगियों और नेटवर्क का निर्माण महत्वपूर्ण है। किताब में सलाह दी गई है कि कैसे सही लोगों के साथ काम करके और उन्हें अपने नेटवर्क में शामिल करके अपने विचारों को आगे बढ़ाया जा सकता है।

3. *लर्निंग और सुधार*: निरंतर सीखना और अपने अनुभवों से सुधार करना आवश्यक है। किताब में

बताया गया है कि कैसे लगातार फीडबैक प्राप्त करना और उसे लागू करना स्टार्टअप की सफलता में योगदान करता है।

4. *लक्ष्य निर्धारण और प्रबंधन*: स्पष्ट और सटीक लक्ष्यों का निर्धारण और उनके प्रति प्रतिबद्ध रहना महत्वपूर्ण है। लेखक इस बात पर जोर देते हैं कि अपने लक्ष्यों को स्पष्ट रूप से परिभाषित करें और उन्हें हासिल करने के लिए एक ठोस योजना बनाएं।

5. *विपणन और बिक्री*: स्टार्टअप को सफल बनाने के लिए प्रभावी विपणन और बिक्री रणनीतियों का उपयोग करना चाहिए। किताब में साझा किए गए सिद्धांत बताते हैं कि कैसे अपने उत्पाद या सेवा को बाजार में बेहतर तरीके से पेश किया जा सकता है।

किताब **"Do More Faster"** ने उद्यमियों को प्रोत्साहित किया है कि वे न केवल तेजी से काम करें, बल्कि सही रणनीतियों और दृष्टिकोण के साथ कार्य करें ताकि वे अपने स्टार्टअप को सफलता की ऊंचाइयों तक ले जा सकें।

कविता

सफल स्टार्टअप चलाने के
जाने गुर ये आज
कोहेन और ब्रैड बता रहे हैं
खोल रहे हैं राज

बिज़नेस आईडिया के साथ
जुनून है जरूरी
इसके बिना कभी भी
होती इच्छा नही पूरी

स्टार्टअप के लिए
तीन चीज की आवश्यकता
सबसे पहले प्रोडक्ट
जिस की बेहतर गुणवत्ता

उसके बाद सब से जरूरी है
एक टीम प्रभावी
लगन करुणा कर्मठता
के साथ जो हो मेधावी

इन्वेस्टर को लाने हेतु
एक ऐसा ईमेल चाहिए
तीन वाक्यो का हो सिर्फ
जवाब आना चाहिये

बिज़नेस लॉज़ और पेटेंट का
थोड़ा सा हो ज्ञान
एकाउंट को भी समझे
ना हो बिल्कुल अनजान

इन सब के साथ ही
वर्क लाइफ बैलेंस बनाएं
डू मोर फ़ास्टर किताब से
जीवन सफल बनाएं ।

SAPIENS

"Sapiens" द्वारा युआव नोआ हरारी ने मानव जाति के इतिहास का एक व्यापक अवलोकन प्रस्तुत किया है। यह पुस्तक मानवता के विकास को तीन मुख्य युगों में विभाजित करती है:

संज्ञानात्मक युग: इसमें बताया गया है कि किस तरह से Homo sapiens ने भाषा, विचार, और सामाजिक संरचनाओं के विकास के माध्यम से अन्य प्रजातियों से अलग और सक्षम बने। इस युग में कल्पनाशीलता और सामाजिक सहयोग की शुरुआत हुई।

कृषि युग: इसमें बताया गया है कि किस तरह से कृषि के विकास ने मानव समाज को स्थिर किया और बड़े समुदायों और नागरिक सभ्यताओं की नींव रखी। इस युग में सामाजिक असमानता और जटिल राजनीतिक संरचनाएं उभरीं।

वैज्ञानिक क्रांति: इसमें दर्शाया गया है कि किस प्रकार विज्ञान और तकनीक के विकास ने आधुनिक

दुनिया को आकार दिया और मानव जीवन को बदल दिया। यह युग विकासशील वैज्ञानिक खोजों और औद्योगिक क्रांति के साथ जुड़ा हुआ है।

हरारी ने इस पुस्तक में मानव इतिहास के विभिन्न पहलुओं को समझाने के लिए एक विश्लेषणात्मक दृष्टिकोण अपनाया है, जिसमें सामाजिक, आर्थिक, और सांस्कृतिक परिवर्तन शामिल हैं।

कविता

सेपियन्स में है मानवजाति
का अब तक का इतिहास
युवाल नोवा हरारी की बुक
जगाती एक नव जिज्ञास ।

पच्चीस लाख साल पहले
आदिमानव अस्तित्व में आए
आस्ट्रेलोपिथिक्स नाम था
ये प्राणी थे ऐप कहलाए ।

तीन लाख साल पहले यूरोप में
नैडरथैल्स का उदय हुआ
इरेकटस जन्में एशिया में
सोलेऐसिस जावा में हुआ ।

सबसे बुद्धिमान प्रजाति
पूर्वी अफ्रीका में पैदा हुई
नाम था इनका होमो सेपियंस
पूर्वजों से जो विकसित हुई ।

सत्तर हजार साल पहले आज से
संज्ञानात्मक क्रांति का उदय हुआ
छोटे दांत और आंत के साथ
बड़े दिमाग का उदय हुआ ।

विशाल जीव-जंतुओं को डराना
आग द्वारा ही संभव हुआ
हथियारों के द्वारा सेपियन्स
फूड चेन का बादशाह हुआ ।

बढ़ती आबादी घटते भोजन से
सेपियंस का स्थानान्तरण हुआ
पहले यूरोप और एशिया में फैले
अमेरिका आस्ट्रेलिया गमन हुआ ।

सेपियंस के यहाँ आने से
बड़े जीवों का क्षरण हुआ
अन्य मानव प्रजातियों का भी
इन महाद्वीपों में मरण हुआ ।

बड़े समूहों में रहने लगे ये
कृषि क्रांति का उदय हुआ
बारह हजार साल पहले
फसलों का बोना शुरु हुआ ।

यूरोप में गेहूं एशिया में चावल
अफ्रीका में बाजरा शुरू हुआ
उत्तरी अमेरिका में मक्का का
दक्षिण में आलू था पैदा हुआ ।

घुमंतु प्रवृत्ति को छोडा जब
तब किसानों का उदय हुआ
भाषा ज्ञान से फिर इनका
पूरा जीवन परिवर्तित हुआ ।

धर्म और मुद्रा के चलन से
जीवन बहुत संगठित हुआ
बड़े समूहों के संचालन को
राजा राज्यों का उदय हुआ ।

लड़ाईयां लडी गई थी तब
सेनाओं का भी उद्भव हुआ
साम्राज्यवाद की होड़ लगी
उपनिवेशों का उदय हुआ ।

विभिन्न देवों की कल्पना से
कई धर्मों का उदय हुआ
इन धार्मिक मान्यताओं से
सेपियंस था विभाजित हुआ ।

धर्मों के अलावा भी अन्य
वादों में ये उलझता रहा
पूंजी, साम्य और राष्ट्रवाद से
वो था फिर प्रभावित हुआ ।

सोहलवीं शताब्दी में यूरोप में
वैज्ञानिक क्रांति का उदय हुआ
नई-नवीन खोजों से दुनिया मे
एक नव जीवन उदित हुआ ।

पहले लकड़ी फिर कोयला
स्टीम इंजन का उदय हुआ
लाखों औद्योगिक इकाइयों से
विभिन्न सामान उत्पन्न हुआ ।

संयुक्त परिवार श्रृंखला टूटी
परिवारों का विभाजन हुआ
ग्राहकवाद के छा जाने से
एकल परिवारों का उदय हुआ ।

आग ने हमे शक्ति थी दी
वार्तालाप ने सहयोग किया
धन ने एक दूजे में भरोसा
कृषि ने हमे स्थायित्व दिया ।

अंतर्विरोधों ने संस्कृतियां दी
विज्ञान से तकनीक उदित हुआ
इस तरह से हमारी धरती पर
सेपियंस का राज्य कायम हुआ ।

HOMO DEUS

जिसे युवाल नोआ हरारी ने लिखा है। यह किताब मानवता के भविष्य, तकनीकी प्रगति, और जीवन के अर्थ पर विचार करती है। यहाँ किताब का संक्षिप्त सारांश है:

1. *मानवता का भविष्य*: "हॉम डियस" में हरारी ने भविष्यवाणी की है कि मानवता नए युग में प्रवेश करेगी जहां मानवों की भूमिका, समाज और नैतिकता में बदलाव आएगा। किताब में बताया गया है कि तकनीकी प्रगति और कृत्रिम बुद्धिमत्ता (AI) का मानव जीवन पर गहरा प्रभाव पड़ेगा।

2. *अल्गोरिदम और डेटा*: किताब में यह चर्चा की गई है कि डेटा और अल्गोरिदम कैसे समाज, राजनीति, और अर्थव्यवस्था को बदलेंगे। डेटा के आधार पर मानव निर्णय लेने की प्रक्रिया बदल सकती है और मानवों की स्वतंत्रता और पहचान पर प्रभाव डाल सकती है।

3. *अनंत जीवन और अमरता*: हरारी ने तर्क किया है कि भविष्य में तकनीक और चिकित्सा के माध्यम से अमरता और अनंत जीवन की दिशा में प्रगति हो सकती है। यह विचार मानव जीवन के अर्थ और नैतिकता पर प्रश्न उठाता है।

4. *धर्म और आत्मा*: "हॉम डियस" में चर्चा की गई है कि धर्म और आत्मा की भूमिका कैसे बदल सकती है जब तकनीक और विज्ञान मानवता के अनुभवों को नया रूप देंगे। किताब में यह भी बताया गया है कि कैसे नए युग में धार्मिक और आध्यात्मिक विचारों की प्रासंगिकता बदल सकती है।

5. *समानता और समाज*: किताब में यह भी वर्णित है कि सामाजिक समानता की दिशा में चल रहे प्रयास और तकनीकी प्रगति कैसे सामाजिक असमानता को बढ़ा सकते हैं और एक नई सामाजिक संरचना को जन्म दे सकते हैं।

"हॉम डियस" मानवता के भविष्य की संभावनाओं और चुनौतियों को उजागर करती है और यह विचार करती

है कि तकनीकी और वैज्ञानिक प्रगति हमारे जीवन के अर्थ और संरचना को कैसे बदल सकती है।

कविता

सेपियन्स में हम ने देखा

कहाँ से आये थे हम

होमो डेयस में हरारी बताते

कहाँ अब जाएंगे हम

भविष्य के इतिहास पर

पुस्तक चर्चा ये करती

एक नई दृष्टि है देती

पुराना नजरिया दूर करती

भूख नही लेती अब जीवन

मोटापा ही हर लेता है

युद्धों में नही मरते लोग

एक्सीडेंट जान ले लेता है

अकाल महामारी युद्धों पर
हम ने अब विजय पाई
अमरता देवता बनने की
चाहत हिस्से आई

मौत है तकनीकी समस्या
जो हल हो ही जाएगी
अमर बनने की तकनीक
भविष्य में खोजी जाएगी

ब्रेन कंप्यूटर इंटरफ़ेस से
हर भाव क़ाबू में आयेगा
क्रोध डर पर लगाम लगेगी
और सुख रह जायेगा

मशीन लर्निंग की वजह से
मनुष्य बेकार हो जाएंगे
मोनोपोली कुछ लोगो की
वो राजा बन जाएगे

नैनो टेक्नोलॉजी से
हर रोग पता लग जाएगा
रक्त में रोबोट समय से
बीमारियां दूर भगाएगा

जेनेटिक इंजीनियरिंग से
मानव बदल जाएगा
ये टेक्नोक्रेट मावन
तब देवता ही कहलाएगा

आर्टिफीसियल इंटेलिजेंस
नई दुनिया बसायेगी
हर छोटे और बड़े काम में
अपना रॉब जमायेगी

डाटा बनेगा नया मज़हब
ये दुनिया को चलाएगा
मानव होमो सेपियन्स से
होमो डेयस बन जाएगा

प्रश्न उठता है क्या सुख
चिरस्थायी रह पाएगा
या मानव अपनी खोजों पर
स्वयं ही फिर पछताएगा ।

मन
(Mind)

MIRACLE OF MINDFULNESS

Thich Nhat Hanh द्वारा लिखा गया एक प्रसिद्ध पुस्तक है, जो ध्यान और वर्तमान क्षण की महत्वपूर्णता पर आधारित है। इस पुस्तक में लेखक ने ध्यान के महत्व को सरल और प्रभावशाली तरीके से प्रस्तुत किया है।

वर्तमान क्षण का महत्व: लेखक का कहना है कि अधिकांश समय लोग अपने अतीत या भविष्य के बारे में सोचते रहते हैं, जिससे वे वर्तमान क्षण को पूरी तरह से अनुभव नहीं कर पाते। ध्यान का उद्देश्य वर्तमान क्षण को पूरी तरह से जीना और अनुभव करना है।

ध्यान की तकनीकें: पुस्तक में लेखक ने कई ध्यान की तकनीकों का वर्णन किया है, जैसे कि श्वास की निगरानी, चलने के दौरान ध्यान, और भोजन करते समय पूर्ण ध्यान देना। ये तकनीकें सरल हैं लेकिन बहुत प्रभावशाली हो सकती हैं।

साधारण गतिविधियों में ध्यान: ध्यान केवल साधना का कार्य नहीं है, बल्कि साधारण गतिविधियों जैसे कि नहाना, खाना, या चलना करते समय भी पूरी तरह से उपस्थित रहना चाहिए। इससे व्यक्ति की मानसिक स्थिति में सुधार होता है और तनाव कम होता है।

ध्यान और मानसिक स्वास्थ्य: ध्यान करने से मानसिक शांति, तनाव में कमी, और आत्म-समझ में वृद्धि होती है। यह एक साधारण लेकिन प्रभावी तरीका है अपने जीवन की गुणवत्ता को सुधारने के लिए।

स्वीकृति और सहानुभूति: ध्यान के माध्यम से व्यक्ति अपनी भावनाओं और विचारों को बिना निर्णय के स्वीकार करना सीखता है। यह आत्म-संवेदनशीलता और सहानुभूति को भी बढ़ाता है।

इस पुस्तक का मुख्य उद्देश्य ध्यान की शक्ति को समझाना और इसे अपने दैनिक जीवन में लागू करने के तरीके प्रदान करना है।

कविता

माइंडफुल हुए बिना कैसे
तुम करोगे बड़े काम
माइंडफुलनेस मेडिटेशन
देता अद्भुत परिणाम

भूतकाल और भविष्य की
चिंता हटानी होगी
वर्तमान में रहने की तुम्हे
आदत बनानी होगी

धीरे-धीरे गहरी और लम्बी
श्वाश पे देना ध्यान
ये आएगी और जाएगी
फिर बन जाएगी प्राण

शुरू-शुरू में जाने वाला
लम्बा होता है श्वास
जैसे-जैसे समय बीतता
सम हो जाए प्रवास

एक दिन हफ्ते में तू
माइंडफुल मेडिटेशन कर
तो जीने का मजा आएगा
सुहाना होगा सफर

आराम-आराम से तुम्हे
अच्छी लत लग जायेगी
वर्तमान में रहने की हमेशा
आदत डल जाएगी

तुम देखोगे नजरें बदली
और बदले नजारे भी
ना चिंता भविष्य की ना
भूतकाल के इशारे ही

वो दिन होगा उत्सव का
चारों और आंनद होगा
वर्तमान में जीने लगो तो
जीवन ये मधुबन होगा

12 BRAIN RULES

एक प्रेरणादायक किताब है जिसे **जॉन मेडिना** ने लिखा है। यह किताब मस्तिष्क के कामकाज और इसकी प्रभावी उपयोग के बारे में महत्वपूर्ण सिद्धांतों को प्रस्तुत करती है। यहाँ किताब का संक्षिप्त सारांश है:

1. *मस्तिष्क और व्यायाम*: नियमित शारीरिक व्यायाम मस्तिष्क की कार्यक्षमता को सुधारता है और न्यूरोनल कनेक्शन्स को बढ़ाता है। व्यायाम से याददाश्त, ध्यान और मानसिक स्वास्थ्य में सुधार होता है।

2. *सपने और मस्तिष्क*: अच्छी नींद मस्तिष्क के लिए अत्यंत महत्वपूर्ण है। नींद की कमी से याददाश्त और सोचने की क्षमता प्रभावित हो सकती है। अच्छी नींद मस्तिष्क की कार्यप्रणाली और संज्ञानात्मक क्षमताओं को सुधारती है।

3. *मस्तिष्क का डिज़ाइन*: मानव मस्तिष्क एक सामाजिक और भावनात्मक अंग है। सामाजिक संपर्क

और भावनात्मक अनुभव मस्तिष्क की विकास प्रक्रिया में महत्वपूर्ण भूमिका निभाते हैं।

4. *ध्यान और ध्यान*: ध्यान केंद्रित करने की क्षमता को सुधारने के लिए लगातार प्रयास और व्यायाम की आवश्यकता होती है। मस्तिष्क एक बार में एक ही कार्य पर ध्यान केंद्रित करता है, इसलिए मल्टीटास्किंग कम प्रभावी हो सकती है।

5. *मस्तिष्क की प्लास्टिसिटी*: मस्तिष्क में निरंतर परिवर्तन और विकास की क्षमता होती है, जिसे न्यूरोप्लास्टिसिटी कहा जाता है। नई जानकारी और अनुभव मस्तिष्क के संरचनात्मक और कार्यात्मक बदलावों को प्रेरित करते हैं।

6. *मस्तिष्क और तनाव*: तनाव मस्तिष्क की कार्यप्रणाली को नकारात्मक रूप से प्रभावित कर सकता है। दीर्घकालिक तनाव से मस्तिष्क की कार्यक्षमता और मानसिक स्वास्थ्य पर प्रभाव पड़ता है।

7. *मस्तिष्क और भावनाएँ*: भावनात्मक अनुभव मस्तिष्क की प्रक्रियाओं को प्रभावित करते हैं। सकारात्मक भावनाएँ मस्तिष्क की कार्यक्षमता को

सुधार सकती हैं, जबकि नकारात्मक भावनाएँ इसे बाधित कर सकती हैं।

8. *मस्तिष्क की याददाश्त*: मस्तिष्क की याददाश्त को बेहतर बनाने के लिए नियमित अभ्यास, पुनरावृत्ति, और नई जानकारी को सीखने की प्रक्रिया की आवश्यकता होती है।

9. *मस्तिष्क और शिक्षा*: प्रभावी शिक्षा विधियाँ मस्तिष्क की सीखने की क्षमताओं को बढ़ा सकती हैं। शिक्षण को इंटरेक्टिव, रोचक और प्रयोगात्मक बनाने से मस्तिष्क की संज्ञानात्मक प्रक्रियाएँ बेहतर होती हैं।

10. *मस्तिष्क की प्रेरणा*: प्रेरणा और इंटरेस्ट मस्तिष्क की सीखने की क्षमताओं को बढ़ा सकते हैं। जब व्यक्ति किसी विषय में रुचि रखते हैं, तो वे बेहतर तरीके से सीख सकते हैं।

11. *मस्तिष्क और प्राथमिकता*: मस्तिष्क प्राथमिक रूप से विजुअल और दृश्य जानकारी को जल्दी से संसाधित करता है। दृश्य दृष्टिकोण और इमेजरी का उपयोग मस्तिष्क के लिए अधिक प्रभावी हो सकता है।

12. *मस्तिष्क और आदतें*: मस्तिष्क आदतों और नियमितताओं को जल्दी से अपनाता है। नई आदतें और व्यवहार विकसित करने के लिए नियमितता और अनुशासन की आवश्यकता होती है।

"12 Brain Rules" मस्तिष्क के कामकाज, स्वास्थ्य, और सीखने के तरीके को समझने में मदद करती है, और मस्तिष्क को अधिक प्रभावी ढंग से उपयोग करने के लिए उपयोगी सुझाव प्रदान करती है।

कविता

बायोलॉजिस्ट मेडिना से जाने
दिमाग दस गुना कैसे बढ़ाएं
"ब्रेन रूल्स" पुस्तक में बताएं
इन्होंने बारह शानदार उपाय

सर्वाइवल ऑफ द फिटेस्ट
यही है जीवन का मूल मंत्र

यूँही विकसित दिमाग हुआ
सबसे संबंध बनाना है यंत्र

व्यायाम का दिमाग के साथ
है एकदम सीधा ही सम्बंध
नियमित करे यदि हम इसे
लिख पाए बड़े बड़े निबन्ध

स्लीप वैल थिंक वैल नियम
बिल्कुल समझ मे ये आता
अच्छी नींद बहुत ही जरूरी
निश्चित दिमाग तेज हो जाता

किसी भी तरीके का तनाव
दिमाग को करता है परेशान
कोर्टिसोल की मात्रा बढ़ाता
करता बहुत बड़ा नुकसान

हर व्यक्ति का दिमाग अलग
अलग हर एक की संरचना
सोचने का अलग है तरीका

एक जैसा व्यवहार ना करना

दिमाग को बनाना गर उत्तम
तुम एक ही काम को करना
मल्टीटास्किंग को नही बना
हमेशा इस बात से बचना

गर चाहते हो चीजें रहे याद
तो एक बात तुम बांधो गांठ
बार बार पढ़ो उस चीज़ को
जिसे चाहते हो रखना याद

सारी इंद्रियां शरीर की हमारी
करती है एक साथ सब काम
देखने वाली इंद्री सब से तेज
इस बात का रखना ध्यान

गीत-संगीत से बढ़ता दिमाग
आज वैज्ञानिक भी ये कहते
इमोशनल इंटेलीजेंस बढ़ती
और हम ज्यादा खुश रहते

महिला व पुरुष का दिमाग
अलग तरीके से करता काम
मानव दिमाग बना इस तरह
कि नई चीज़ो को दे अंजाम

तेज दिमाग के यदि तुम अब
बनना चाहते हो बन्धु स्वामी
समझो इन बारह रूल्स को
तो वक्त भी बनेगा अनुगामी ।

POSITIVE THINKING

एक प्रेरणादायक किताब है जिसे नॉर्मन विंसेंट पील ने लिखा है। यह किताब सकारात्मक सोच की शक्ति और इसके जीवन पर पड़ने वाले प्रभावों को बताती है। यहाँ किताब का संक्षिप्त सारांश है:

1. *सकारात्मक सोच की शक्ति*: नॉर्मन विंसेंट पील ने बताया है कि सकारात्मक सोच से जीवन में सुधार और सफलता प्राप्त की जा सकती है। सकारात्मक विचार से मानसिक स्थिति बेहतर होती है और व्यक्ति अधिक आत्म-विश्वास और ऊर्जा महसूस करता है।

2. *विचार और भावनाएँ*: किताब में यह बताया गया है कि हमारे विचार और भावनाएँ हमारे जीवन की दिशा को प्रभावित करती हैं। सकारात्मक विचारों को अपनाने से नकारात्मक भावनाओं को कम किया जा सकता है और जीवन में खुशहाली बढ़ाई जा सकती है।

3. *ध्यान और आत्म-विश्वास*: सकारात्मक सोच को बढ़ावा देने के लिए आत्म-विश्वास और आत्म-ध्यान को महत्वपूर्ण माना गया है। अपनी क्षमताओं पर विश्वास रखने और सकारात्मक आत्म-प्रेरणा प्राप्त करने से कठिन परिस्थितियों का सामना करना आसान होता है।

4. *सकारात्मक आदतें*: किताब में सुझाव दिए गए हैं कि कैसे सकारात्मक आदतें विकसित की जा सकती हैं, जैसे कि रोजाना आभार व्यक्त करना, सकारात्मक आत्म-सम्वाद, और चुनौतियों को अवसरों में बदलना।

5. *सकारात्मक सोच की तकनीकें*: लेखक ने सकारात्मक सोच को बढ़ावा देने के लिए विभिन्न तकनीकों और अभ्यासों का वर्णन किया है, जैसे कि मानसिक छवियाँ, आत्म-संवेदनशीलता, और सकारात्मक पुष्टि।

"Positive Thinking" जीवन की कठिनाइयों और समस्याओं का सामना करने के लिए सकारात्मक दृष्टिकोण अपनाने की सलाह देती है, और यह बताती

है कि कैसे सकारात्मक सोच से जीवन में खुशहाली और सफलता प्राप्त की जा सकती है।

कविता

सकारात्मक सोच का
जीवन मे बड़ा महत्व
सुख की आधारशिला
समझा अगर ये तत्व

थिंकिंग थिंकिंग ताकत
नार्मन विंसेंट ने लिखी
40 भाषाओं में अबतक
50 लाख प्रतियां बिकी

स्कॉलर चिकित्सकों द्वारा
आलोचना भी हुई बहुत
पर जनसाधारण द्वारा
प्रशंशा भी मिली बहुत

अपने पर विश्वास करो
पुस्तक ये है सिखाती
जीवन की सारी समस्याएं
धीरे धीरे सुकुड़ती जाती

लक्ष्य को बस देखते जाओ
जिस को जीवन में चाहते
लगातार सोचते जाने से
कर्म भी वैसे बनते जाते

नजरिया निर्धारित करता
आगे कैसा जीवन होगा
सुख होगा या दुःख होगा
या दोनों का मिश्रण होगा

चिंता से ही उपजे तनाव
चिंता बीमारियां ले आती
सोच चिंतामुक्त जीवन की
है सुख का आधार बनाती

ध्यान रखो सभी लोगो का
चिंता करो सभी की तुम
तभी तुम खुश रह पाओगे
सब को खुश रख पाओ तुम ।

PSYCHO-CYBERNETICS

मैक्सवेल माल्ट्ज़ द्वारा लिखी गई पुस्तक आत्म-छवि और मानसिकता के महत्व पर केंद्रित है। लेखक का मानना है कि हमारा मस्तिष्क एक लक्ष्य-साधक तंत्र की तरह काम करता है, जो हमें हमारी आत्म-छवि के अनुसार परिणाम प्रदान करता है। पुस्तक में यह बताया गया है कि अगर हम अपनी आत्म-छवि को सकारात्मक और आत्मविश्वासी बना लें, तो हमारे जीवन के अनुभव भी उसी के अनुसार बेहतर होते जाएंगे।

माल्ट्ज़ बताते हैं कि साइबरनेटिक्स का सिद्धांत मूल रूप से मशीनों और तंत्रों पर आधारित है, लेकिन इंसान का मस्तिष्क भी एक प्रकार की साइबरनेटिक मशीन की तरह है। जैसे मशीनें अपने लक्ष्य तक पहुँचने के लिए सुधार करती हैं, वैसे ही हमारा मस्तिष्क भी हमें सुधार की दिशा में मार्गदर्शन कर सकता है, यदि हम उसे सही निर्देश दें। यह पुस्तक आत्म-छवि सुधारने के लिए व्यावहारिक तकनीकों और मानसिक अभ्यासों पर जोर देती है, ताकि व्यक्ति

अपनी सोच में सकारात्मक बदलाव ला सके और जीवन में सफल हो सके।

माल्ट्ज़ की तकनीकों में कल्पना, रचनात्मक सोच, विश्राम, और आत्म-सुझाव का समावेश है, जो व्यक्ति को मानसिक और भावनात्मक संतुलन प्राप्त करने में मदद करती हैं। इन तकनीकों का उपयोग करके व्यक्ति अपने नकारात्मक विचारों और भावनाओं पर काबू पा सकता है, और एक नई, सकारात्मक दिशा में जीवन का निर्माण कर सकता है।

कविता

अनुभव से बने सेल्फ इमेज
सेल्फ इमेज से पर्सनलिटी
दोहराओगे वो, जो दे तारीफ
बाकी छोड़ोगे, ये रिएलिटी

अच्छी बात ये हमारे पास
बदल सकते सेल्फ इमेज
बिलीफ बदल जाए अगर
बदल जाएगी सेल्फ इमेज

दिमाग को समझें मशीन
खुद ही हम प्रोग्राम करें
चेतन से फ्लोस्टेट लाएं
अवचेतन से सुझाव करें

पुराने सॉफ्टवेयर को हटा
नए को अब इंस्टॉल करें
नेगेटिव दूर करें जीवन से
पॉजिटिव का ख्याल करें

ध्यान के महत्व को समझें
डीप बरीथिंग अभ्यास करें
मैक्सवेल की तकनीक से
व्यक्तित्व का विकास करें ।

THE OBSTACLE IS THE WAY

रयान हॉलिडे ने स्टोइक दर्शन के सिद्धांतों का उपयोग करके यह समझाया है कि जीवन में आने वाली बाधाएँ और चुनौतियाँ वास्तव में हमारी सफलता की कुंजी हो सकती हैं। पुस्तक में तीन मुख्य पहलू हैं:

प्रेरणा (Perception): हमें अपनी दृष्टि और मानसिकता को बदलने की आवश्यकता है ताकि हम चुनौतियों को अवसरों के रूप में देख सकें। सही दृष्टिकोण हमें समस्याओं को नए तरीके से देखने में मदद करता है।

क्रिया (Action): समस्याओं का सामना करने के लिए हमें ठोस और सुसंगठित कार्यवाही करनी चाहिए। यह भाग क्रियात्मकता और समर्पण की बात करता है।

वैकल्पिकता (Will): हमारी आंतरिक ताकत और संकल्प ही हमें लगातार प्रयास और समर्पण की ओर प्रेरित करता है, चाहे स्थिति कैसी भी हो।

कविता

राहें कठिन, बाधाएँ ऊँची,
सपनों की राह में छिपी लकीरें
अवरोध ही मार्ग है, यही सिखा रहे हैं
हर मुश्किल के पीछे छिपे अवसर सिखा रहे हैं

संकल्प हमारा अडिग हो,
यह यकीन कर लें,
हर चुनौती को हम अवसर बना लें।
क्रियाएँ हों ठोस, दृष्टिकोण साफ रखें,
जीवन की राह में हमें संघर्ष से स्नेह रखें।

संघर्ष की इस भूमि में,
शक्ति उगती है,
हर कठिनाई हमें नया दृष्टिकोण दिखाती है।
अवरोध ही मार्ग है, यही है जीवन का संदेश,
हर कठिनाई में छिपा है सफलता का भव्य आभास।

वित्त

(Finance)

RICH DAD POOR DAD

एक प्रसिद्ध वित्तीय शिक्षा की किताब है जिसे रोबर्ट टी. कियोसाकी ने लिखा है। इस किताब में लेखक ने अपने दो पिताओं—एक अमीर पिता और एक गरीब पिता—की वित्तीय सोच और दृष्टिकोण के माध्यम से धन और निवेश के महत्व को समझाया है। यहाँ किताब का संक्षिप्त सारांश है:

1. **अमीर और गरीब पिता की सोच**: कियोसाकी ने अपने जीवन में दो महत्वपूर्ण प्रभावशाली व्यक्तियों के दृष्टिकोण की तुलना की है—उनके वास्तविक पिता (गरीब पिता) और उनके दोस्त के पिता (अमीर पिता)। अमीर पिता ने पैसे को एक संसाधन और अवसर के रूप में देखा, जबकि गरीब पिता ने पैसे को केवल काम करने के लिए एक साधन माना।

2. **धन की शिक्षा**: किताब में यह बताया गया है कि वित्तीय शिक्षा प्राप्त करना कितना महत्वपूर्ण है। अमीर पिता की शिक्षाओं के अनुसार, निवेश, संपत्ति निर्माण,

और वित्तीय साक्षरता पर ध्यान केंद्रित करना चाहिए, न कि केवल सैलरी और बचत पर।

3. *संपत्ति और देनदारी*: कियोसाकी ने संपत्ति (assets) और देनदारी (liabilities) के बीच अंतर को स्पष्ट किया। अमीर लोग संपत्तियाँ (जैसे रियल एस्टेट, स्टॉक्स) खरीदते हैं जो उन्हें आय प्रदान करती हैं, जबकि गरीब और मध्यम वर्ग अधिक देनदारी (जैसे ऋण, क्रेडिट कार्ड) लेते हैं।

4. *पैसे के लिए काम करना बनाम पैसे को काम पर लगाना*: किताब में यह बताया गया है कि पैसे के लिए काम करने के बजाय, पैसे को काम पर लगाना चाहिए। यह निवेश और संपत्ति निर्माण के माध्यम से किया जा सकता है, जिससे पैसे स्वतः उत्पन्न हों और आय का स्रोत बढ़े।

5. *आत्म-निर्भरता*: कियोसाकी ने आत्म-निर्भरता और उद्यमिता को बढ़ावा दिया है। उन्हें मानना है कि खुद का व्यवसाय शुरू करना और निवेश के अवसरों

का लाभ उठाना अमीर बनने की दिशा में महत्वपूर्ण कदम हैं।

6. **वित्तीय योजना और जोखिम प्रबंधन**: किताब में वित्तीय योजना और जोखिम प्रबंधन के महत्व पर भी जोर दिया गया है। सही योजनाओं और समझदारी से निवेश करने से वित्तीय सुरक्षा और समृद्धि प्राप्त की जा सकती है।

"Rich Dad Poor Dad" वित्तीय स्वतंत्रता और समृद्धि प्राप्त करने के लिए अमीर और गरीब दृष्टिकोण के बीच अंतर को समझने में मदद करती है और वित्तीय साक्षरता और निवेश के महत्व को उजागर करती है।

कविता

यह किताब है बड़ी न्यारी
सीख देती ये बहुत प्यारी
एक बच्चे के है दो बाप
एक गरीब दूजे पे खिताब

गरीब बाप पीएचडी पास
पर है एक सरकारी दास
अमीर बाप आठवीं पास
रखता पीएचडी को पास

गरीब अमीर दोनों सफल
सोच में पर है बेहद अलग
एक की जरूरतें नाहो पूरी
दूजे की इच्छा ना अधूरी

गरीब बाप से खूनी रिश्ता
अमीर बाप दोस्त का पिता
बच्चा इनकी तुलना करता
अमीर से सीखूँ प्रण धरता

रिच डैड पुअर डैड ये बुक
समझाती हमे है पाँच पाठ
जीवन मे उतारो तुम इनको
अगर चाहते हो सारे ठाठ

डर व लालच के चक्कर में
तुम चूहा दौड़ में फ़सोगे
किस्तों पर लेते कार मकान
सारी उम्र क़िस्त ही भरोगे

एसेट लायबिलिटीएस जान
केवल तभी अमीर बन पाए
जो पैसे को कमाए वो एसेट
लायबिलिटीएस खर्च बढ़ाए

रिस्क लेना शर्त अमीरी की
रिस्क से बस अमीरी आए
रिस्क ना लेने के कारण ही
गरीब केवल गरीब रह जाए

हमेशा काम करो सीखने को
ना ही काम बस कमाई को
किताबें पढ़ो सेमिनार जाओ
जारी रखो निरंतर पढ़ाई को

तुम दूसरों को ऊपर उठाओ
तुम खुद ब खुद उठ जाओगे
ये प्रकृति का अटल नियम
जो बोओगे उसे ही पाओगे

अगर चाहते हो अमीर बनना
इस पुस्तक को जरूर पढ़ना
रॉबर्ट किओसाकी की बुक से
जीवन मे ख़ूब तरक़्क़ी करना।

THINK AND GROW RICH

एक प्रसिद्ध आत्म-सहायता किताब है जिसे नेपोलियन हिल ने लिखा है। यह किताब सफलता प्राप्त करने के लिए मानसिकता और दृष्टिकोण पर केंद्रित है। यहाँ किताब का संक्षिप्त सारांश है:

1. *सपनों और लक्ष्यों की शक्ति*: हिल ने बताया है कि सफलता का सबसे पहला कदम स्पष्ट और विशिष्ट लक्ष्यों को निर्धारित करना है। अपने सपनों को साकार करने के लिए दृढ़ संकल्प और मानसिक स्पष्टता आवश्यक है।

2. *सकारात्मक सोच*: किताब में यह बताया गया है कि सकारात्मक सोच और आत्म-विश्वास सफलता प्राप्त करने में महत्वपूर्ण भूमिका निभाते हैं। अपने लक्ष्यों के प्रति विश्वास और सकारात्मक दृष्टिकोण से आत्म-संवर्धन होता है।

3. *सपना देखने का नियम*: हिल ने सपनों को वास्तविकता में बदलने के लिए एक विशिष्ट योजना

बनाने की सलाह दी है। यह योजना लक्ष्यों की स्पष्टता, योजना की प्रभावशीलता, और सही कदम उठाने पर आधारित होनी चाहिए।

4. *विजुअलाइजेशन और आत्म-प्रेरणा*: "Think and Grow Rich" में विजुअलाइजेशन (मानसिक चित्रण) और आत्म-प्रेरणा के महत्व पर जोर दिया गया है। अपनी सफलता की मानसिक छवि को लगातार देखना और महसूस करना आवश्यक है।

5. *संसारिक नेटवर्किंग*: किताब में यह भी बताया गया है कि प्रभावशाली नेटवर्क और सहयोग से सफलता प्राप्त करने की संभावना बढ़ जाती है। सही लोगों के साथ काम करने और सहयोगी संबंध बनाने से लक्ष्यों को प्राप्त करने में मदद मिलती है।

6. *धैर्य और दृढ़ता*: सफलता की यात्रा में धैर्य और दृढ़ता की आवश्यकता होती है। विफलताओं और बाधाओं के बावजूद, लगातार प्रयास और संकल्प से सफलता प्राप्त की जा सकती है।

"Think and Grow Rich" मानसिकता, सकारात्मक सोच, और स्पष्ट लक्ष्यों के साथ सफलता प्राप्त करने की प्रक्रिया को समझाती है। यह किताब आत्म-प्रेरणा और योजना बनाकर अपने सपनों को साकार करने के लिए प्रेरित करती है।

कविता

आओ आज राज वो जानें
अमीरी का रहस्य पहचानें
थिंक एंड रिच ग्रो को समझें
नेपोलियन हिल की भी मानें

1937 में पुस्तक ये आई
थी जिसने फिर धूम मचाई
आज भी गिनती सर्वश्रेष्ठ में
सबको है ये खूब लुभाई

13 सिद्धान्त इस में लिखे
एक से एक बढ़ कर दिखे
जो भी अपना ले जीवन में
परिवर्तन तत्काल ही दिखे

पहला सिद्धान्त इच्छा प्रबल
दूजा इच्छा में आस्था सबल
तीजा आत्म-सुझाव है देना
चौथा विशेष ज्ञान हो अटल

पांचवा कल्पना का विकास
छठा सुयोजना का प्रकाश
सातवां है चलना निरंतर ही
आठवां निर्णय का विश्वास ।

नोवां मास्टरमाइंड ग्रुप जानो
दस यौनेच्छा रूपांतरण ठानो
ग्यारह अवचेतन को समझो
बारह मन की शक्ति पहचानो

तेरह छठी इंद्री का विकास
पुर्वानुमान का हो आभास
इस तरह 13 गुण विकसित
जो चाहोगे वो आएगा पास

तो अमीर बनोगे धन से भी
अमीर बनोगे संबंधों से भी
अमीर तुम्हारा समय होगा
अमीर बनोगे वैभव से भी

जब तुम्हारी नई दृष्टि होगी
निर्मित नई एक सृष्टि होगी
हर तरह अमीर बन जाओगे
शांति आनन्द की वृष्टि होगी ।

SCIENCE OF GETTING RICH

एक क्लासिक पुस्तक है जिसे वॉलस डी. वॉटकिंस ने लिखा है। यह किताब धन अर्जन के सिद्धांतों पर आधारित है और इसे 1910 में प्रकाशित किया गया था। यहाँ किताब का संक्षिप्त सारांश है:

1. *धन का सिद्धांत*: वॉटकिंस के अनुसार, धन एक विशिष्ट मानसिकता और दृष्टिकोण के साथ आता है। यह न केवल मेहनत और प्रयास से नहीं, बल्कि सही विचारधारा और दृष्टिकोण से भी अर्जित किया जा सकता है।

2. *धन का मनोविज्ञान*: किताब में बताया गया है कि धन प्राप्त करने के लिए हमें अपनी मानसिकता को बदलना होगा। हमें यह विश्वास करना चाहिए कि धन हमारे लिए उपलब्ध है और हम इसे प्राप्त करने के योग्य हैं।

3. *विज्ञान और तर्क*: धन अर्जन के लिए एक विशिष्ट वैज्ञानिक और तार्किक दृष्टिकोण अपनाने की

बात की गई है। यह दृष्टिकोण स्पष्टता, सोच-समझकर निर्णय लेने, और सही रणनीतियों को लागू करने पर आधारित है।

4. *विशिष्टता और रचनात्मकता*: किताब में यह सुझाव दिया गया है कि हमें विशिष्टता और रचनात्मकता को अपनाना चाहिए। अपने क्षेत्र में विशेष होना और नई चीजें प्रस्तुत करना हमें सफल बनाने में मदद करेगा।

5. *आत्म-संवेदनशीलता और आत्म-प्रेरणा*: आत्म-संवेदनशीलता और आत्म-प्रेरणा भी धन अर्जन में महत्वपूर्ण भूमिका निभाते हैं। व्यक्ति को अपनी क्षमताओं और संभावनाओं को समझना और उन्हें प्रोत्साहित करना आवश्यक है।

"Science of Getting Rich" एक प्रेरणादायक किताब है जो यह बताती है कि धन केवल मेहनत से नहीं, बल्कि सही मानसिकता और दृष्टिकोण से प्राप्त किया जा सकता है। यह सफलता और धन अर्जन के लिए एक स्पष्ट मार्गदर्शन प्रदान करती है।

कविता

आओ आज अमीरी का
जाने हम विज्ञान
क्या रहस्य इस के पीछे
ले लें थोड़ा ज्ञान

भरपूर खजाना छिपा
यहाँ प्रकृति के पास
जो चाहोगे वही मिलेगा
ना हो कोई उदास

बस पूरे विश्वास से
हमे उसे बुलाना होगा
लगन व मेहनत से
फिर उसे सजाना होगा

हर समय लक्ष्य को
हमे देखते जाना होगा
अपने सपनो को अब
हकीकत बनाना होगा

मन शरीर आत्मा का
एक ओर होगा ध्यान
कामयाबी भी हमे मिलेगी
होंगे हम धनवान

साइंस ऑफ गेटिंग रिच
देती गरीबी को मात
अमीर बनना चाहते तो
मानो वालेस की बात ।

ONE PAGE FINANCIAL PLAN

एक सरल और प्रभावी दृष्टिकोण प्रदान करती है जो व्यक्तिगत वित्तीय योजना को अधिक सुलभ और कार्यक्षम बनाता है। यह किताब उन लोगों के लिए उपयुक्त है जो अपने वित्तीय प्रबंधन को आसान और प्रभावशाली तरीके से समझना चाहते हैं।

"One Page Financial Plan" एक प्रभावशाली किताब है जिसे कार्ल रिचर्ड्स ने लिखा है। यह किताब व्यक्तिगत वित्तीय योजना को सरल और व्यावहारिक तरीके से समझाने पर केंद्रित है। यहाँ किताब का संक्षिप्त सारांश है:

1. *सरलता और स्पष्टता*: किताब का मुख्य संदेश है कि एक प्रभावी वित्तीय योजना जटिल नहीं होनी चाहिए। एक पेज पर संक्षेप में अपनी वित्तीय योजना को सुसंगठित करने से आप अपनी वित्तीय स्थिति को आसानी से समझ सकते हैं और प्रबंधित कर सकते हैं।

2. *लक्ष्य निर्धारण*: "One Page Financial Plan" में बताया गया है कि अपनी वित्तीय योजना को स्पष्ट और विशिष्ट लक्ष्यों के आधार पर तैयार करना चाहिए। इससे आपको अपनी प्राथमिकताओं को पहचानने और उनकी ओर ध्यान केंद्रित करने में मदद मिलती है।

3. *वित्तीय आदतें*: किताब में अच्छे वित्तीय आदतों और व्यवहार पर जोर दिया गया है। बचत, निवेश, और बजट प्रबंधन के सरल तरीकों को अपनाकर आप अपनी वित्तीय स्थिति को बेहतर बना सकते हैं।

4. *प्राथमिकता निर्धारण*: एक पेज पर योजना बनाने से आप अपनी वित्तीय प्राथमिकताओं को स्पष्ट रूप से निर्धारित कर सकते हैं। यह आपकी योजना को ट्रैक करने और समय पर सही निर्णय लेने में मदद करता है।

5. *लंबी अवधि की योजना*: किताब में यह भी बताया गया है कि छोटी-छोटी वित्तीय योजनाओं को एक बड़े और दीर्घकालिक वित्तीय लक्ष्य के साथ जोड़ना चाहिए। इससे आपको दीर्घकालिक वित्तीय स्थिरता और सुरक्षा प्राप्त होती है।

कविता

आर्थिक सफलता के लिए

आओ बजट बनाएं हम

आज इस कला को सीखें

इसमे पारंगत हो जाएं हम

हर एक कि जरूरतें अलग

अलग अलग है इच्छाएं

इसलिये हर व्यक्ति अपनी

ही आर्थिक योजना बनाए

पहले देखे भविष्य में उसे

पैसे की जरूरत कहाँ कहाँ

एक लचीला प्लान बनाएं

पैसा लगाना हो जहाँ जहाँ

खर्च पर नजर रखें हमेशा

कम करने की कोशिश करें

बेहतर बजटिंग के लिए

नाजायज खर्चों से बचें

सबसे पहले ऋणों से तुम

हर हाल में पाओ छुटकारा

किसी भी किस्म की उधारी

नही होनी चाहिये गंवारा

हर महीने पैसा बचाने की

आदत तुम्हे डालनी होगी

अलग से उस पैसे को रख

अपनी बचत बढ़ानी होगी

अच्छे अर्थ नियोजन को

निवेश भी होता है जरूरी

भविष्य की योजनाएं सारी
बचत व निवेश से होंगी पूरी
सारे अंडे ना रखो इकट्ठे
वरना सब हो जाएंगे खराब
भिन्न-भिन्न जगह करो निवेश
तो ही रहेगा ठीक हिसाब

वन पेज फाइनेंसियल प्लान
बुक की सीख अपनाएं हम
कार्ल रिचर्ड्स कहे अनुसार
अपना बजट बनाए हम ।

10X RULE

एक प्रेरणादायक किताब है जिसे ग्रांट कार्डोन ने लिखा है। इस किताब में सफलता और लक्ष्यों को प्राप्त करने के लिए 10X दृष्टिकोण की सलाह दी गई है। यहाँ किताब का संक्षिप्त सारांश है:

1. *10X नियम*: किताब का केंद्रीय विचार है कि अपने लक्ष्यों को 10 गुना बड़ा सोचें और उन्हें 10 गुना अधिक प्रयास से हासिल करने का लक्ष्य बनाएं। इसका मतलब है कि आप अपनी उम्मीदों और योजनाओं को बहुत अधिक ऊँचा सेट करें और उन्हें प्राप्त करने के लिए अत्यधिक मेहनत करें।

2. *महत्वपूर्णता और प्राथमिकता*: "10X Rule" में यह सिखाया गया है कि आपको अपनी प्राथमिकताओं को पूरी तरह से समर्पित करना होगा और किसी भी लक्ष्य को प्राप्त करने के लिए पूरी तरह से अपनी ऊर्जा और संसाधनों को करना होगा।

3. *विफलता और बाधाएँ*: किताब में बताया गया है कि विफलता और बाधाएँ केवल अस्थायी हैं। सफलता प्राप्त करने के लिए आपको इन बाधाओं को पार करने के लिए अतिरिक्त प्रयास और समाधान खोजने की आवश्यकता होती है।

4. *एक्शन और मेहनत*: ग्रांट कार्डोन ने इस किताब में यह बताया है कि सफलता केवल विचारों और योजनाओं से नहीं आती, बल्कि उन्हें लागू करने के लिए आवश्यक कठोर परिश्रम और कार्यवाही से आती है।

5. *आत्म-प्रेरणा*: किताब में आत्म-प्रेरणा और दृढ़ता पर जोर दिया गया है। अपने लक्ष्यों को प्राप्त करने के लिए आपको लगातार प्रेरित रहना होगा और कठिन परिस्थितियों का सामना करने के लिए मानसिक रूप से तैयार रहना होगा।

"10X Rule" सफलता प्राप्त करने के लिए बड़े विचार, कठिन परिश्रम और स्पष्ट प्राथमिकताओं पर जोर देती है। यह किताब उन लोगों के लिए आदर्श है जो अपने लक्ष्यों को तेजी से और प्रभावी ढंग से प्राप्त करना चाहते हैं।

कविता

जितना प्रयास अभी कर रहे

उससे दस गुणा ज्यादा करो

सफल हो कर रहूंगा मैं

अपने से आज वादा करो

कड़ी मेहनत सही निर्णय

सकारात्मक योगदान जरूरी

छोटे से काम ना चलने वाला

लक्ष्य को तुम बड़ा करो

बहाना बनाने से कभी नही

बड़े काम से बड़े बनोगे

जिम्मेदारी खुद ही ले लो

और दोष लगाना बंद करो

मध्यवर्ग कोई वर्ग नही है

ये केवल एक मानसिकता

औसत सोचोगे औसत बनोगे
खुदको इस से बाहर करो

जुनून बीमारी नही तोहफ़ा
पैदा करो अपने जीवन में
सब कुछ दांव पर लगाने की
मन में आज हिम्मत करो

डर सही रास्ते का इशारा
आगे आगे बढ़ते जाओ
ज्यादा विरोध बड़ी कामयाबी
आलोचना को स्वीकार करो

संयोग नही मेहनत से मिलती
बड़ी सफलता जीवन में
ग्रांट की 10x रूल बुक से
सपने अपने साकार करो ।

सफलता

(Success)

THE ALCHEMIST

एक प्रेरणादायक उपन्यास है जिसे पाओलो कोएल्हो ने लिखा है। यह किताब एक युवा चरवाहे, संदीगो, की यात्रा की कहानी है, जो अपने सपनों को पूरा करने की तलाश में निकलता है। यहाँ किताब का संक्षिप्त सारांश है:

1. **सपनों की खोज**: संदीगो, एक युवा चरवाहा, अपने सपनों की खोज में निकलता है। उसका सपना एक खजाने को ढूंढना है जो उसे एक विशेष जगह पर मिलना है। यह यात्रा उसकी आत्मखोज और जीवन के उद्देश्य को समझने की यात्रा बन जाती है।

2. **सपनों की भाषा**: किताब में बताया गया है कि अपने सपनों और इच्छाओं को समझने के लिए हमें "सपनों की भाषा" को समझना होगा। यह भाषा संकेत और प्रतीकों के माध्यम से आती है और यह हमें अपने जीवन के सही मार्ग की ओर ले जाती है।

3. *संसार की आत्मा*: संदीगो की यात्रा में उसे पता चलता है कि सब कुछ एक विशाल "संसार की आत्मा" का हिस्सा है। यह आत्मा हर व्यक्ति के सपनों और उद्देश्यों को समझने में मदद करती है और जीवन के अर्थ को खोजने में मार्गदर्शन करती है।

4. *स्वयं की पहचान*: संदीगो अपनी यात्रा के दौरान स्वयं को और अपनी क्षमताओं को पहचानता है। उसे समझ में आता है कि अपने सपनों को पूरा करने के लिए उसे अपने डर और संकोच को पार करना होगा।

कविता

गर दिल से कुछ चाहोगे
कायनात बनेगी सहायक
प्रसिद्ध बुक अलकेमिस्ट
है इसी बात की गायक

सैंटियागो एक चरवाहे ने
देखा एक अनोखा स्वप्न
टूटी चर्च में सोया था वो
स्पेन में हिन्दरलैंड वन

भाग्यदर्शी महिला बोली
मिस्र पिरामिड में खजाना
मिल जाए तुम्हे गर वहाँ
दस टका मुझे दे जाना

सैंटियागो मिला बूढ़े से
जो था सालेम का राजा
बड़ी सीख दी बूढ़े ने उसे
कहा जो इच्छा तू पा जा

क्रिस्टल व्यापारी के पास
सैंटियागो ने काम किया
रास्ते मे अंगेज मिला एक
जिसने आगे साथ दिया

मिस्र कारवाँ में शामिल वो
वॉर से बच ओएसिस आए

अलकेमिस्ट की खोज में
जंगल जंगल भटके जाए

कुँए पर फातिमा मिली
सैंटियागो को अच्छी लगी
फातिमा के प्यार में पड़ा
वॉर के डर से कारवाँ रुका

दो बाजो की लड़ाई देखी
कबीले के सरदार से कहा
जल्दी है युद्ध होने वाला
जा अपने काबिले को बचा

अगले दिन फिर हुई लड़ाई
सैंटियागो की हुई ख़ूब बड़ाई
सरदार ने खूब इनाम दिया
कॉउंसलर पद आफर किया

वहां उसे अलकेमिस्ट मिला
जो फिर उसके साथ चला
आगे एक काबिले ने पकड़े
जान पर बनी गए थे जकड़े

अलकेमिस्ट बोला जादू आए
सैंटियागो हवा है बन जाए
तीन दिन का समय मिला
नही तो मृत्युदंड होगा सिला

सैंटियागो बहुत परेशान हुआ
अलकेमिस्ट ने दिल को छुआ
जल्दी सीखा अपने पे क़ाबू
बना हवा और दिखाया जादू

कबीले से छूटे मिला ईनाम
अलकेमिस्ट चला फिर धाम
दिया उसे बहुत सा सोना
कहा जीवन मे कभी ना रोना

पहुँचा वो मिस्र पिरामिड
खोदा पर ना मिला खज़ाना
तभी वहां बहुत डाकू आए
देख कर सैंटियागो घबराए

सोना सैंटियागो से छीना
बोले यहाँ नही खजाना
कहा सपना एक मैंने देखा
स्पेन चर्च में छिपा खजाना

सैंटियागो की समझ आया
खज़ाना है जहाँ से मैं आया
भाग्य ने बड़ा खेल है खेला
यही दुनियादारी का झमेला

सब कुछ अपने अंदर छुपा
बाहर ना कभी कुछ मिला
आओ भीतर खोजे खजाना
जो चाहोगें वो ही तुम पाना ।

OUTLIERS

एक प्रसिद्ध किताब है जिसे मल्कम ग्लैडवेल ने लिखा है। यह किताब सफलता के अद्वितीय और अक्सर अनदेखे कारकों पर प्रकाश डालती है। यहाँ किताब का संक्षिप्त सारांश है:

1. *सफलता की परिभाषा*: ग्लैडवेल ने बताया है कि सफलता केवल व्यक्तिगत गुणों और मेहनत पर निर्भर नहीं होती। इसके बजाय, यह विभिन्न बाहरी कारकों, जैसे समय, अवसर, और सामाजिक वातावरण पर भी निर्भर होती है।

2. *10,000 घंटे का नियम*: किताब में "10,000 घंटे" के नियम का वर्णन किया गया है, जिसमें कहा गया है कि किसी भी कौशल में उत्कृष्टता प्राप्त करने के लिए लगभग 10,000 घंटे का अभ्यास आवश्यक होता है। यह नियम कई सफल लोगों की कहानियों पर आधारित है, जैसे स्टीव जॉब्स और बिल गेट्स।

3. *सांस्कृतिक और सामाजिक प्रभाव*: ग्लैडवेल ने दिखाया है कि सांस्कृतिक पृष्ठभूमि और सामाजिक स्थिति भी सफलता पर प्रभाव डालती है। उदाहरण के लिए, कुछ जातीय समूहों की सांस्कृतिक मान्यताएँ और पारिवारिक परंपराएँ उनकी सफलता को प्रभावित करती हैं।

4. *समय और अवसर*: किताब में यह बताया गया है कि सही समय पर सही अवसर प्राप्त करना भी सफलता का महत्वपूर्ण कारक है। उदाहरण के लिए, जो लोग 1950 के दशक के अंत और 1960 के दशक की शुरुआत में पैदा हुए थे, उन्हें तकनीकी उन्नति के अवसर अधिक मिले।

5. *परिवार और सामाजिक समर्थन*: ग्लैडवेल ने यह भी बताया है कि परिवार का समर्थन और सामाजिक नेटवर्क सफलता को बढ़ावा दे सकते हैं। एक प्रेरणादायक और समर्थनकारी परिवार और समुदाय सफलता की दिशा में महत्वपूर्ण भूमिका निभाते हैं।

6. *आर्थिक और सामाजिक संदर्भ*: किताब में यह सुझाव दिया गया है कि आर्थिक और सामाजिक संदर्भ भी सफलता को प्रभावित कर सकते हैं। सफलता के लिए केवल व्यक्तिगत गुण ही नहीं, बल्कि सामाजिक और आर्थिक अवसर भी महत्वपूर्ण होते हैं।

"Outliers" यह सिखाती है कि सफलता केवल व्यक्तिगत प्रयास का परिणाम नहीं है, बल्कि यह समय, अवसर, सामाजिक प्रभाव, और सांस्कृतिक पृष्ठभूमि के मिश्रण से प्राप्त होती है।

कविता

नई अप्रोच के साथ लिखी
"आउटलायर्स" है बेमिसाल
सफलता के प्रचलित कारको
पर लेखक उठाता है सवाल

स्वनिर्माण एक मिथक है
नही कोई इस का आधार
सफलता में बहुत से कारक
मिलकर होते है जिम्मेदार

अवसर और विरासत का
भी होता अहम योगदान
मात्र योग्यता से नही बनता
कोई भी एक सफल इंसान

कब और कहां पैदा हुए
ये कारक भी आते काम
एक बुद्धि सीमा के बाद
व्यवहारिकता का ही दाम

दस हज़ार घंटे है जरूरी
गर होना चाहते हो विशाल
बिल गेट्स और बीटल्स
पेश करते है एक मिसाल

मेलकॉम ग्लैडवेल की बुक
तोड़ती है पुरानी जंजीर
सफलता का नया नजरिया
पेश करती एक नई तस्वीर होगी ।

EVERY MAN A KING

स्वेट मार्टेन की एक प्रेरक पुस्तक है जो इस विचार को प्रस्तुत करती है कि प्रत्येक व्यक्ति अपने जीवन का राजा हो सकता है। यह किताब हमें यह सिखाती है कि आत्म-निर्भरता और आत्म-विश्वास के माध्यम से हम अपनी परिस्थितियों को बदल सकते हैं और सफल हो सकते हैं।

पुस्तक में मार्टेन बताते हैं कि हर व्यक्ति में अद्वितीय शक्तियाँ और क्षमताएँ होती हैं जिन्हें सही दिशा में उपयोग करके वह अपने जीवन में उन्नति कर सकता है। यह पुस्तक हमें आत्म-सम्मान बढ़ाने, आत्म-नियंत्रण सीखने, और जीवन में स्पष्ट लक्ष्य निर्धारित करने के महत्व को समझाती है। मार्टेन का मानना है कि सफलता किसी बाहरी परिस्थिति पर निर्भर नहीं करती, बल्कि हमारे भीतर के दृष्टिकोण और प्रयासों पर आधारित होती है।

आत्म-निर्भरता: अपनी ज़िम्मेदारियों को स्वयं निभाएं और जीवन में निर्णय लेने की क्षमता विकसित करें।

आत्म-विश्वास: अपने आप पर भरोसा करना सफलता का पहला कदम है।

जीवन में उद्देश्य: एक स्पष्ट लक्ष्य रखें और उसके लिए निरंतर प्रयास करें।

सकारात्मक दृष्टिकोण: जीवन की कठिनाइयों का सामना सकारात्मक सोच के साथ करें।

कुल मिलाकर, "Every Man a King" प्रेरणा से भरी हुई पुस्तक है जो बताती है कि हर व्यक्ति में असाधारण क्षमता होती है और यदि वह उसे पहचान ले, तो वह अपने जीवन का राजा बन सकता है।

कविता

स्वेट मार्डन ने लिखी थी
ये अद्भुत किताब
Everyman A King

जसका है नकाब

आशावाद की पहली पुस्तक
है ये जनाब
सकारात्मकता भरी है
जिस में बेहिसाब ।

क्या आप खुद ही है
अपने जीवन के नायक
या और लोग बनाते है
आप को इस लायक

इस सवाल का बनना होगा
आज हमे गायक
ये पुस्तक बन सकती है
आप की सहायक ।

क्या विचार ही बनाते
स्वस्थ और बीमार
करना होगा आज हमें
मिलकर ये विचार

सबसे भयानक शत्रु है
डर क्या आप ये जाने
हर जगह हराता आपको
क्या आप ये माने

करे तप और आज इस पर
आओ काबू पा ले
बड़ा नुकसान करेगा
गर लगाया नही ठिकाने ।

आओ मूड़ व भावों को
हम पकड़ कर रखे
मनमानी न चलने दे इनकी
नजर कड़ी है रखे

ईर्ष्या द्वेष चिंता नफरत
गुस्सा काबू में रखे
चीज़ो को न टाले हम
समय का मान भी रखे ।

हर हालात में खुश रहना
आओ हम ये सीखे
आशा को छोड़े न कभी
आशावादी होना सीखे

हँसना और हँसाना सब को
आओ ये भी सीखे
निराश न हो जीवन मे
निराशा को हटाना सीखे ।

कथनी और करनी में फिर
फर्क न हमारे आये
वाणी विचार व्यवहार
हमारा समरूप हो जाए

मन की सुंदरता फिर महके
तन नज़र ना आये
बुढ़ापे में भी जवानी का
आंनद खड़ा मुस्काए ।

सब मे देखे खुद को हम
और खुदा हो जाए
जब जीवन का हर क्षण
इस लय मे आ जाए

तब समझो समझा खुद को
अपने पर इतराए
मर्म इस पुस्तक का ये ही
स्वेट हमे समझाये होगी ।

THE PARABLE OF THE PIPELINE

बर्क हेज़ल द्वारा लिखी गई पुस्तक "The Parable of the Pipeline" में एक दृष्टांत के माध्यम से आर्थिक स्वतंत्रता और दीर्घकालिक समृद्धि की अवधारणा को समझाया गया है। पुस्तक की कहानी में दो दोस्त, पाब्लो और ब्रूनो, अपने गांव में पानी लाने का काम करते हैं। ब्रूनो बाल्टियों से पानी भरने और लाने में व्यस्त रहता है, जिससे उसे तुरंत पैसे मिलते हैं। दूसरी ओर, पाब्लो सोचता है कि बाल्टियों से पानी लाने की बजाय अगर वह एक पाइपलाइन बना ले, तो उसे हमेशा के लिए पानी की आपूर्ति मिलती रहेगी, भले ही वह काम न करे।

यह पुस्तक दीर्घकालिक दृष्टिकोण और धैर्य की महत्ता को रेखांकित करती है। पाब्लो का पाइपलाइन बनाने का निर्णय एक ऐसी सोच को दर्शाता है, जो वर्तमान में मेहनत करने के साथ-साथ भविष्य में स्थायी आय का स्रोत भी बनाता है। पुस्तक बताती है कि अगर हम अपने काम और निवेश में दीर्घकालिक सोच रखें और एक पाइपलाइन की तरह मजबूत बुनियाद बनाएं, तो हम भविष्य में वित्तीय स्वतंत्रता प्राप्त कर सकते हैं।

ब्रूनो के तुरंत पैसे कमाने की सोच के विपरीत, पाब्लो की दृष्टि लंबी अवधि की सफलता और आराम पर थी। पाइपलाइन की कहानी उन लोगों के लिए प्रेरणा है, जो सिर्फ तत्काल लाभ पर ध्यान देने की बजाय दीर्घकालिक योजनाओं पर काम करना चाहते हैं।

कविता

ब्रूनो और पाब्लो की कहानी
बताती गजब संदेश में
धन कमाने का ढंग हो क्या
समझाती नव-उपदेश में

इटली के एक गांव में
ब्रूनो और पाब्लो थे दो भाई
गांव में नदी से पानी ला
करते थे वो अपनी कमाई

शुरू में दोनों बाल्टी से ही
नदी से पानी लाते थे

इस तरह सुबह से शाम तक
दोनों बहुत थक जाते थे

पाब्लो के दिमाग मे एकदिन
नया एकदम विचार आया
नदी से गांव तक पाइपलाइन
लाएं वो ब्रूनो से फरमाया

ब्रूनो नही माना उसकी बात
बकेटमैन बनना पसंद किया
पाब्लो ने ब्रूनो से अलग हो
पाइप बिछाना शुरू किया

आधे दिन बाल्टी से पानी ढ़ो
अपना गुजारा करता था
बाकी आधे दिन में पाब्लो
पाइपलाइन पे काम करता था

शुरू में कुछ समय तो
ब्रूनो अमीर होता गया
बाल्टी से पूरे दिन पानी भर
वो पैसा जमा करता गया

उम्र जब बढ़ने लगी उसकी
सारा दिन काम ना होता था

जमा पूंजी कम होती गई
निर्णय पे अपने वो रोता था

उधर पाब्लो की पाइपलाइन
पूरी जिस दिन हो गई
बाल्टी से पानी ढोने की
सदा के लिए छुट्टी हो गई

सारी उम्र के लिए जीवन
उसका आसान हो गया
सफलता चूमने लगी कदम
वो बड़ा धनवान हो गया

बकेटमैन बन कर नही कभी
पाइपलाइन से आसान होगा
बुर्के हेज की सीख मान
तू भी बड़ा धनवान होगा होगी ।

BEYOND BOUNDARIES

डॉ. मुकेश अग्रवाल द्वारा रचित मार्गदर्शिका बताती है कि सीमाओं को पार करने से असाधारण व्यक्तिगत और सामूहिक उपलब्धियाँ कैसे प्राप्त की जा सकती हैं। परिवर्तन को अपनाने, नवाचार को बढ़ावा देने, और वैश्विक प्रभाव बनाने के लिए व्यावहारिक रणनीतियों को जानें। प्रेरणादायक कहानियों, केस स्टडीज, और उपयोगी सूचनाओं के माध्यम से, यह पुस्तक आपको पारंपरिक सीमाओं को चुनौती देने और जीवन के सभी पहलुओं में अधिक संतोष प्राप्त करने के लिए सशक्त बनाती है।

परिवर्तन को अपनाएं: डर को पार करने और नई चुनौतियों के लिए अनुकूलन के व्यावहारिक तरीके।

नवाचार और नेतृत्व: रचनात्मकता और प्रभावी नेतृत्व को बढ़ावा देने के लिए रणनीतियाँ।

मजबूत समुदाय बनाएं: प्रभावी सामुदायिक निर्माण और परोपकार की अंतर्दृष्टियाँ।

आध्यात्मिक प्रबोधन प्राप्त करें: आध्यात्मिक जागरण और जीवन के उद्देश्य को खोजने की तकनीकें।

प्रेरणादायक कहानियाँ: वास्तविक जीवन के उदाहरण जिन लोगों ने सफलतापूर्वक बाधाओं को पार किया और अपने जीवन को बदल दिया।

कविता

सीमाओं को पार कर बढ़ो,
साकार हो सपनों की राह,
जीवन के हर पहलू में खोजो,
नया प्रकाश, नया चाह।

परिवर्तन की राह पर चलो,
हर डर को छोड़ो पीछे,
नई चुनौतियों की ओर बढ़ो,
जब तक न सब सुलझे।

नवाचार की ताकत को जानो,
नेतृत्व की शक्ति पाओ,
रचनात्मकता की ऊँचाई तक,
अपने सपनों को सजाओ।

मजबूत समुदाय की नींव रखो,
सेवा प्रेम उपजाओ
समान सोच वाले लोगों से जुड़ो,
अपनी ताकत बढ़ाओ,

आध्यात्म की खोज में,
निज आत्मा तक जाओ,
जीवन के उद्देश्य को जानो,
सच्ची शांति को पाओ,

प्रेरणादायक कहानियाँ बुनो,
अपनी जड़ों में जाओ,
सीमाओं को चुनौती देकर,
नई ऊँचाइयों को पाओ।

यह पुस्तक सिखाएगी,
सीमाओं को तोड़ने का जज़्बा,
जीवन की यात्रा में तुम्हे,
मिले सफलता का मुरब्बा ।